Jumper

Le chiot joueur

L'auteur : Jenny Dale a grandi dans une ferme des Cornouailles (Royaume-Uni), entourée d'une bande de chiens, petits et grands, gentils et coquins. Aujourd'hui, elle vit toujours à la campagne et consacre ses journées à l'écriture de romans pour les enfants.

L'illustrateur : Susan Hellard

Remerciements tout particuliers à Narinder Dhami.

Titre original : *Lily finds a friend*
Puppy Tales est une marque de Working Partners Limited, utilisée sous licence.

Publié pour la première fois
par Macmillan Children's Books, Londres, 2001.

Réalisation de la maquette : Éric Doxat

Dépôt légal : avril 2010
ISBN : 978-2-7470-3201-8
Loi n° 49 956 du 16 juillet 1949 sur les publications destinées à la jeunesse
Imprimé en Allemagne par CPI – Clausen & Bosse

mes animaux préférés

Jumper

Le chiot joueur

Jenny Dale

Traduit de l'anglais et adapté par Julien Chèvre

Première édition
bayard jeunesse

•1•

Seul au monde

Jumper s'ennuie à mourir. Son jeune maître, Lucas Fournier, est parti à l'école, et la mère de celui-ci travaille. Seul le père de Lucas est à la maison aujourd'hui. Il profite de son jour de congé pour faire du bricolage, activité qui a souvent le don de l'agacer. Le chiot se résout néanmoins à aller chercher de la compagnie auprès de lui.

M. Fournier est en train de monter une bibliothèque dans le salon et regarde les plans d'un œil perplexe.

– Oh toi, ce n'est pas le moment ! grogne-t-il à l'arrivée du Jack Russell.

Comme Jumper le craignait, le père de Lucas n'a pas l'air très détendu. Pour le distraire, le chiot ramasse un tournevis qui traîne sur le sol et se met à gambader au milieu de la pièce.

– Rends-moi ça immédiatement ! s'écrie M. Fournier en lui

courant après.

Hélas ! il s'entrave dans une planche et tombe de tout son long sur le tapis.

– Ça suffit, Jumper ! explose-t-il, le visage empourpré de colère. Je t'ai dit de ne pas rester dans mes pattes !

Il se relève, cueille le chiot et le remet dans le couloir avant de claquer la porte derrière lui.

Jumper se retrouve à nouveau seul, sans personne avec qui s'amuser. Que pourrait-il bien faire pour s'occuper ? Il monte à l'étage et se rend dans la chambre de Lucas. Alors qu'il tourne en rond depuis quelques minutes, il aperçoit sa balle en caoutchouc sous le lit. Super, il va pouvoir jouer à son jeu favori !

Il prend la balle dans sa gueule et vient se poster en haut des escaliers, d'où il la lâche. Celle-ci descend en rebondissant sur chaque marche.

Bam ! Bam ! Bam !

Le chiot s'élance à sa poursuite. Son but est de la rattraper avant qu'elle arrive en bas. Ensuite, il remonte à toute vitesse et recommence son petit manège. Après plusieurs allers-

retours, la porte du salon s'ouvre brusquement…

– Arrête ce vacarme ! gronde M. Fournier.

Jumper n'en revient pas : le père de Lucas donne des coups de marteau depuis le début de la journée, et c'est lui qu'on accuse d'être bruyant ! Il n'a pas le temps de protester que son maître est déjà reparti au salon – sauf que cette fois, il n'a pas refermé la porte... Le chiot en profite pour se glisser à l'intérieur et contrôler l'avancée des travaux. La bibliothèque semble enfin terminée, et M. Fournier est en train d'y ranger des livres. Jumper est tout content : le père de Lucas va être disponible pour jouer avec lui !

Soudain, un grand craquement résonne dans la pièce : l'une des étagères vient de céder, et tous les livres dégringolent par terre !

– Oh non, c'est pas vrai !

fulmine M. Fournier, au comble du découragement.

Jumper prend aussitôt la poudre d'escampette. En fin de compte, mieux vaut ne pas s'éterniser dans les parages !

Le chiot décide d'aller faire un tour dans le jardin. Cela lui donnera l'occasion de discuter avec Confetti, le chien des Costa. Ils habitent la maison voisine avec leur fils Enzo, qui est le meilleur ami de Lucas.

Jumper file dans la cuisine. Il se glisse dehors par la porte entrouverte et aboie afin de signaler sa présence. Aucune réponse ne lui parvient de l'autre côté de la clôture. Confetti a dû partir se promener avec Mme Costa. Jumper soupire avec tristesse : il est vraiment délaissé de toutes parts !

C'est alors qu'il lui vient une idée : puisque aucun de ses amis n'est là, il faut qu'il s'en fasse un nouveau ! Ainsi, il aura quelqu'un pour s'amuser avec lui !

Comment n'y a-t-il pas pensé plus tôt ? À cette perspective, le chiot, submergé de joie, se met à courir en cercle derrière sa queue. Puis il s'assoit, le souffle court, et regarde autour de lui.

Par où commencer ?

Jumper longe la clôture, la truffe collée au sol. M. Fournier a vérifié l'état du grillage il y a trois mois, mais peut-être le chiot décèlera-t-il quand même un passage quelque part ?

Jumper remarque un mouvement dans un gros buisson au fond du jardin. Il s'approche à pas feutrés, piqué par la curiosité. Il se retrouve alors nez à nez avec une drôle de créature verte aux yeux protubérants. C'est la première fois qu'il voit une grenouille ! Tout excité, le chiot aboie pour la saluer. Voilà un

possible compagnon de jeu ! Hélas, la bestiole apeurée s'enfuit en bondissant et en poussant des cris étranges.

« Croa ! Croa ! »

Jumper plonge au milieu des épais taillis pour essayer de la rattraper. D'habitude, il n'ose pas s'aventurer dans ces fourrés sombres et humides, mais il n'a pas envie de perdre la trace de celle qui pourrait devenir sa nouvelle amie. Il s'enfonce dans les broussailles et explore chaque buisson. Ce qu'il découvre derrière l'un d'entre eux lui fait complètement oublier la grenouille : il y a un trou au bas de la clôture !

• 2 •

En route pour l'aventure !

Jumper n'en croit pas ses yeux ! Il avance tant bien que mal au milieu de la végétation touffue pour examiner le grillage d'un peu plus près et constate, ravi, qu'il n'a pas rêvé !

Il glisse son museau à travers l'ouverture, puis ses pattes avant, mais le passage s'avère étroit. Il se contorsionne sans réussir à progresser davantage. Essoufflé, la langue pendante, le chiot décide de s'accorder une pause pour reprendre sa respiration. Il en profite pour observer les alentours : devant lui s'étend une vaste pelouse bordée d'arbres très hauts et au bout de laquelle se dresse une imposante demeure. Tout cela promet de fascinantes découvertes...

Jumper se ressaisit. Il ne va quand même pas échouer si près du but et rester coincé là ! Il rassemble ses forces, pousse sur ses pattes arrière et parvient enfin à s'extraire du grillage. Un sentiment de satisfaction mêlé d'excitation l'envahit : le monde lui appartient !

Vu d'ici, le jardin a l'air plus impressionnant et, pendant une seconde, le chiot hésite à s'y engager. Il lui semble encore entendre les mises en garde de Lucas.

– Ne t'éloigne pas de la maison sans quelqu'un qui t'accompagne ! lui répète souvent le garçon. Tu risquerais de te perdre.

Jumper se raisonne : il n'est qu'à une dizaine de mètres de

chez lui, il n'aura aucun problème à retrouver son chemin. Rassuré, il se met à trottiner au milieu du gazon en remuant la queue. Le chiot renifle l'herbe, avant de s'intéresser à un massif de fleurs. Il y a tellement de nouvelles odeurs à sentir partout qu'il ne sait plus où donner de la tête !

Soudain, un écureuil jaillit d'un buisson presque sous son nez et bondit vers la pelouse. Le regard de Jumper s'éclaire, et il s'élance derrière le rongeur au pelage roux. Peut-être pourraient-ils jouer ensemble ? Mais l'écureuil n'a pas l'air de cet avis : il grimpe au premier arbre venu et disparaît dans le feuillage. Le chiot se poste au pied du tronc en scrutant les branchages. L'instant d'après, un marron atterrit juste à côté de lui et manque de l'assommer. Jumper sursaute, puis s'en va, indigné. Cet écureuil aurait besoin de leçons de politesse ! Tant pis, il y a sûrement des rencontres plus agréables à faire ailleurs...

Le chiot traverse la pelouse et se dirige vers la maison. Deux marches conduisent à une terrasse en pierre sur laquelle donne une grande porte-fenêtre. Il s'en approche avec curiosité et colle sa truffe à la vitre. À l'intérieur, une vieille dame est assise dans un fauteuil devant la télévision. Sur ses genoux repose un plateau avec une tasse de thé et une grosse part de gâteau. Voilà qui ferait une amie très intéressante à tout point de vue ! Jumper tapote la vitre avec sa patte en se léchant les babines. Hélas, la dame ne semble pas le remarquer ! Le chiot aboie, mais le volume de la télévision est si fort que ses jappements sont

inaudibles. Il faut pourtant qu'il trouve un moyen d'entrer ! Peut-être y a-t-il un autre passage ?

Déterminé, Jumper entreprend de faire le tour de la maison. Il repère la porte principale et y appuie ses pattes pour la pousser, en vain. Et malgré ses grattements répétés, personne ne vient lui ouvrir. Décidément, le sort s'acharne contre lui !

Alors qu'il rumine sa déception, le chiot croit soudain reconnaître des voix familières venant de la rue. Il fonce au bas de la palissade et tend l'oreille.

– Dis, Maman, est-ce qu'Enzo peut venir jouer à la maison ?

C'est Lucas qui rentre de l'école avec sa mère ! Tout excité, Jumper est sur le point d'aboyer afin de saluer son jeune maître. Il se ravise aussitôt : Lucas risque de se fâcher s'il découvre que le chiot s'est échappé du jardin. Mieux vaut rester discret et se hâter de rentrer avant qu'on ne se rende compte de sa disparition.

Jumper se précipite vers le grillage. Au moment où il s'apprête à passer de l'autre côté, il aperçoit une chose étrange dans les buissons...

·3·

Une belle rencontre

Tapi sous un tas de feuilles se trouve un petit animal au pelage fauve. Se tient-il là en embuscade ? Flairant le danger, Jumper songe à faire demi-tour et à rentrer chez lui, mais sa curiosité l'emporte sur la peur. Il rampe ventre à terre jusqu'aux buissons, puis tend une patte devant lui et, d'un geste rapide, touche le flanc de l'animal avant de reculer aussi sec. Ce dernier ne manifeste aucune réaction. Inquiet, le jack russell retrousse les babines et montre les dents. Il renifle l'air, méfiant, mais ne reconnaît ni l'odeur d'un chien, ni même celle d'un chat. Le seul parfum qu'il détecte est celui d'un pied de basilic tout proche. Que peut bien être cette étrange bestiole ?

Jumper veut en avoir le cœur net. Il s'avance vers l'animal et l'examine avec attention. Cette forme lui semble familière. Ça y est, il sait de quoi il s'agit : c'est un ours en peluche ! Lucas en possède un similaire, qui trône en permanence sur son lit.

Mais celui-ci est en piètre état : il est mouillé, couvert de terre, et porte un ruban rouge effiloché autour du cou. Le chiot s'en moque. Il se penche et prend l'ours dans sa gueule avec précaution. Désormais, il a un nouveau compagnon de jeu et un ami sur qui veiller, c'est tout ce qui compte !

Jumper repense soudain à Lucas. Il faut vite qu'il rentre à la maison avant qu'on remarque

son absence. Il file vers le grillage, mais n'arrive pas à se souvenir précisément de l'emplacement du trou. Son cœur s'emballe : il ne va quand même pas rester bloqué dans le jardin voisin ! Le chiot court de droite à gauche le long de la clôture en inspectant le sol. Au bout de quelques minutes, il finit par repérer le passage et s'y glisse à grand-peine. Avec la peluche dans la gueule, sa progression est encore plus difficile qu'à l'aller. Il rampe, se tortille, s'arc-boute et parvient enfin de l'autre côté. Ensuite, il s'extrait des fourrés et s'ébroue pour se débarrasser des feuilles et des brindilles accrochées à ses poils.

Une seconde plus tard, la porte de la cuisine s'ouvre, et Lucas bondit dans le jardin, accompagné d'Enzo.

– Ah, te voilà ! s'écrie le garçon qui court vers Jumper.

– Regarde, il tient un truc dans sa gueule, constate Enzo. C'est presque aussi gros que lui ! ajoute-t-il avant d'éclater de rire.

Le chiot dépose l'ours aux pieds de son maître et aboie en remuant la queue. Il est fier de lui présenter son nouveau copain. Il lui a même donné un nom : Basile, en référence à l'odeur de basilic qui flottait dans l'air au moment où il l'a découvert.

Lucas s'agenouille près du chiot et le couvre de caresses.

Puis il ramasse la peluche et se tourne vers Enzo :

– Où a-t-il pu dénicher ce truc ?

– Aucune idée, mais ça m'étonnerait que ça plaise à ta mère !

Au même instant, celle-ci

apparaît sur le seuil de la cuisine.

– Qu'est-ce que tu as trouvé, Lucas ? demande-t-elle.

– Je n'y suis pour rien, Maman, c'est Jumper : il a ramené un nounours !

La jeune femme s'approche, intriguée.

– Oh, ça m'a l'air cracra ! s'exclame-t-elle, les sourcils froncés, en voyant l'état de la peluche.

Le chiot aboie, indigné. Il aimerait bien que l'on respecte son nouvel ami !

– Il a dû déterrer ça dans le jardin, poursuit Mme Fournier.

– C'est possible, intervient Enzo, les gens qui habitaient ici avant vous avaient une petite fille. Elle a pu l'oublier quand ils sont partis…

Jumper écoute la conversation avec intérêt et réfléchit. Jusqu'à présent, il n'avait pas envisagé que l'ours puisse appartenir à quelqu'un d'autre… Peut-être même qu'un enfant était en train de le chercher en ce moment ? Mais si son propriétaire y tenait tellement, il ne l'aurait pas abandonné ainsi, à la merci du froid et de la pluie. Cette dernière pensée chasse toute trace de culpabilité chez le chiot. C'est décidé, Basile est à lui et rien qu'à lui !

Jumper aboie et tapote les mollets de Lucas pour le récupérer. Le garçon se penche vers lui et lui tend la peluche avec un grand sourire :

– Tiens, champion, je te rends ton jouet !

– Non, cet ours est trop sale ! proteste Mme Fournier. Laisse-moi d'abord le laver s'il veut s'amuser avec !

À ces mots, Jumper se met à grogner. Pas question que l'on inflige la torture du bain à son ami ! Il resserre les dents autour de Basile et fonce à l'intérieur de la maison pour le mettre à l'abri.

– Je crois que ça va être difficile de l'en séparer ! commente Lucas en riant.

En effet, pendant le reste de la journée, le chiot ne quitte pas sa peluche. Il lui fait visiter la maison, lui montre sa gamelle dans la cuisine, sa laisse dans le couloir, la chambre de Lucas et ses endroits préférés pour dormir. Il l'emmène aussi au salon pour lui présenter M. Fournier, qui se bat encore avec la bibliothèque !

Un peu plus tard, à la demande de Mme Fournier, Lucas et Enzo se rendent à l'épicerie pour acheter des œufs. Jumper les accompagne, en portant Basile dans sa gueule d'un air important, ce qui lui vaut le regard attendri des gens qu'ils croisent en chemin.

– On dirait qu'il adore son ours ! déclare Enzo sur le chemin du retour.

– Contrairement à ma mère ! plaisante Lucas. Mais tu verras, il est plus têtu qu'elle !

Jumper aboie en guise d'acquiescement. Son maître a

raison : il n'est pas prêt d'abandonner Basile. Maintenant, il aura toujours quelqu'un avec qui jouer quand Lucas sera à l'école. Il se sent le chiot le plus heureux du monde !

• 4 •
Un choix difficile

– Debout là-dedans !

Le lendemain matin, Jumper ouvre les yeux en entendant la mère de Lucas venue réveiller son fils. Comme d'habitude, le chiot a dormi sur le lit du garçon. Sauf que cette nuit, il avait son propre nounours avec lui.

– Oh non, pas encore cette horreur ! s'exclame la jeune femme lorsqu'elle repère la peluche boueuse. Et sur ta couette, en plus !

– T'inquiète, Maman, ça ne me dérange pas, répond Lucas dans un bâillement.

– Eh bien moi, si ! rétorque Mme Fournier. Si on doit garder ce machin, je voudrais au moins le nettoyer !

Sans perdre une seconde, Jumper bondit sur le sol et détale, l'ours dans la gueule. Qu'est-ce que c'est que cette obsession de vouloir toujours tout laver ? Il repense aux horribles bains qu'on lui donne parfois et au shampooing qui lui pique les yeux. Autant éviter ça à Basile ! Le chiot dévale les escaliers, traverse la cuisine et file au jardin. Comme chaque samedi, Lucas l'emmènera faire une longue balade un peu avant midi. D'ici là, mieux vaut se tenir à l'écart de Mme Fournier.

Dehors, le soleil brille et promet déjà une chaude journée. Jumper pose sa peluche dans l'herbe et se met à gambader pour se dégourdir les pattes. Il se demande comment occuper la matinée avec son ami. Peut-être pourraient-ils retourner ensemble dans le grand jardin d'à côté ? Il y a plein d'endroits que le chiot n'a pas explorés, et Basile sera sans doute content d'y revenir. En plus, Lucas doit encore prendre son petit-déjeuner et se préparer pour sortir, ça leur laisse le temps pour une expédition !

Jumper ramasse son ours et se dirige d'un pas guilleret vers les fourrés au fond du jardin. Une nouvelle fois, il se faufile à travers le grillage et s'avance sur la pelouse. Il aperçoit l'écureuil malpoli qu'il a croisé la veille perché sur un arbre voisin. Celui-ci griffe l'écorce du tronc pour attirer son attention. Le chiot lui lance un regard hautain en montrant fièrement

Basile, puis lui tourne le dos et poursuit son chemin.

Tandis qu'il s'approche d'une haie de buis, il remarque un détail intéressant : aujourd'hui, la baie vitrée à l'arrière de la maison est ouverte, sans doute pour laisser entrer la chaleur. Jumper remue la queue d'un air joyeux. Voilà l'occasion rêvée d'aller saluer la propriétaire des lieux et de vérifier s'il lui reste du gâteau ! Il trottine jusqu'à la terrasse et s'apprête à entrer lorsqu'il entend deux personnes discuter à l'intérieur. Il se cache derrière un pot de fleurs pour écouter leur échange.

– Dis, Mamie, as-tu retrouvé Victor ? demande une petite fille.

– Hélas ! non, ma chérie, répond une voix chevrotante.

Jumper suppose qu'il s'agit de la vieille dame qu'il a vue hier.

– Il doit bien être quelque part ! reprend la fillette, au bord des larmes. J'ai dû le laisser ici la dernière fois que je suis venue...

– Ne pleure pas, Agathe, je t'achèterai un autre ours quand nous irons en ville. On en choisira un avec un ruban rouge, exactement comme celui que tu avais.

– Mais je n'en veux pas un autre, je veux Victor ! insiste la fillette avant d'éclater en sanglots.

Jumper baisse la tête, dépose sa peluche devant lui et regarde son protégé avec une tristesse mêlée d'incertitude. Ainsi donc, Basile s'appelle en réalité Victor et il appartient à une petite fille du nom d'Agathe. Celle-ci paraît très malheureuse sans son ours, et le chiot se dit qu'il se sentirait pareil s'il était séparé de Lucas. Peut-être devrait-il rendre la peluche ? En même temps, Jumper s'est déjà attaché à Basile et il n'a pas envie de renoncer à son nouvel ami. Il s'ennuie tellement quand il est tout seul ! Que faire ?

· 5 ·

Retrouvailles en série

Jumper prend Basile dans sa gueule et s'approche discrètement de la baie vitrée. Il aperçoit la petite fille, qui est un peu plus jeune que Lucas, assise sur les genoux de la vieille dame. Celle-ci lui essuie les joues avec un mouchoir. Aussitôt, le chiot sait ce qu'il a à faire.

Il entre dans la maison et dépose la peluche devant lui avant d'aboyer pour signaler sa présence. Agathe et sa grand-mère sursautent et tournent la tête, surprises de découvrir ce visiteur inattendu. La fillette écarquille les yeux en reconnaissant son nounours sur le sol.

– Regarde, Mamie, c'est Victor ! jubile-t-elle.

Elle s'élance pour le ramasser et le serre contre elle, le visage illuminé. La vieille dame observe la scène avec un sourire malicieux :

– Qui est donc notre mystérieux sauveur ?

– C'est le chien le plus gentil du monde ! répond Agathe, agenouillée près de Jumper pour le caresser. Tu te rends compte, Mamie ? Il a trouvé Victor et il me l'a rapporté !

– Oui, tu as raison, c'est un très beau geste.

– Je me demande bien où je l'avais laissé…

– Sûrement dans le jardin, à en juger par son état !

Le chiot aboie gaiement pour confirmer cette hypothèse.

– Et toi, d'où viens-tu ? reprend la vieille dame en s'adressant à lui.

Elle se penche vers l'animal et remarque une petite plaque pendue à son collier.

– Tiens, Agathe, dis-moi ce qui est écrit, j'y vois mal sans mes lunettes !

– Jumper ! lit la fillette, surexcitée. Et il y a aussi le numéro de téléphone de ses propriétaires.

– Dans ce cas, on va les appeler et les prévenir que leur chiot est ici.

– Et si on lui donnait d'abord quelque chose à manger pour le remercier ? S'il te plaît !

– D'accord, ma chérie. Après tout, il a bien mérité une récompense !

Jumper est on ne peut plus d'accord avec elles. Il les suit dans la cuisine, où on lui sert un bol de restes de poulet froid. C'est délicieux !

Tandis que le chiot se régale, la grand-mère d'Agathe compose le numéro figurant sur son collier.

– C'est occupé, annonce-t-elle en raccrochant le combiné. Tant pis, on réessaiera plus tard.

– Mamie, je peux aller jouer dehors avec Jumper ? demande la fillette, qui tient sa peluche serrée contre elle.

– Si tu veux. Tu n'as qu'à me confier Victor, je pourrai le nettoyer pendant ce temps. Comme ça, il sera sec quand ta mère viendra te récupérer.

– Non, non, ce n'est pas la peine, Mamie ! déclare Agathe avant de filer dans le jardin, le chiot sur ses talons.

Elle se retourne vers son nouvel ami en soupirant :

– Pourquoi les adultes veulent-ils toujours tout laver ?

Jumper sent qu'il va bien s'entendre avec elle ! Son ours lui manquera, c'est sûr, mais Agathe paraît tellement heureuse de l'avoir retrouvé que le chiot sait qu'il a fait le bon choix. La voix de la fillette le tire de ses réflexions :

– Allez, essaie de m'attraper !

Au même moment, chez les Fournier, Lucas finit de s'habiller. Il a pris un copieux petit-déjeuner et s'apprête à emmener Jumper en balade. Il cherche le chiot à l'étage, puis au-rez-de-chaussée, mais sans succès. Il jette un œil dans le salon où son père, qui est au téléphone, lui fait signe de ne pas le déranger. Il croise alors sa mère dans le couloir, une pile de linge entre les mains.

– Maman, tu sais où est Jumper ? lui demande-t-il.

– Avec son affreuse peluche, j'imagine !

– Très drôle ! Je suppose que tu n'as pas le temps de m'aider à le trouver ?

– Tu supposes bien !

– Merci beaucoup, râle le garçon.

– À votre service, monseigneur ! rétorque sa mère en mimant une révérence avant de s'éloigner, le sourire aux lèvres.

Lucas traverse la cuisine et se rend au jardin.

– Jumper ! appelle-t-il.

Toujours aucune réponse. Le garçon fouille les environs du regard et tente de se rassurer. Il y a plein de recoins où le chiot pourrait s'être caché. Mais Lucas sent néanmoins une angoisse diffuse l'envahir. Ça ne ressemble pas à Jumper de disparaître ainsi, surtout à l'heure de la promenade. Et s'il s'était échappé ? Impossible, puisque M. Fournier a contrôlé l'état du grillage récemment. Où est-il donc passé ?

Lucas met les mains en porte-voix et crie de toutes ses forces :

– JUMPER !

Le garçon croit entendre un chien aboyer au loin. Est-ce son imagination qui lui joue des tours ? Il tend l'oreille et, de nouveau, il perçoit des jappements qui semblent venir du fond du jardin. Il s'avance vers les fourrés, hésite un instant, puis se glisse tant bien que mal entre les épais buissons bordant la clôture. Les aboiements se font plus distincts.

– Jumper, c'est toi ? demande Lucas d'un air incrédule.

– Bonjour ! lui répond une voix de l'autre côté.

– Euh... Bonjour, balbutie le garçon, déconcerté. C'est qui ?

– Je m'appelle Agathe Barreille. Je suis avec un petit chien blanc et marron. Il est à toi ?

– Oui, c'est Jumper ! s'exclame Lucas sans voir son interlocutrice. Qu'est-ce qu'il fabrique dans ton jardin ?

– Ce n'est pas mon jardin, le

corrige la fillette, c'est celui de ma grand-mère.

– D'accord, mais comment a-t-il atterri là ?

– Je crois qu'il y a un trou dans le grillage. Il est venu ici et il a retrouvé Victor, mon nounours !

– Alors, elle était à toi, cette peluche ?

– Oui, et c'est ton chien qui me l'a rapportée ! Il est vraiment super intelligent !

– Je sais, approuve le garçon tout fier.

Soudain, les buissons s'agitent devant lui, et Jumper en jaillit dans un bruissement de feuilles.

L'animal bondit dans les bras de son maître.

– Jumper ! s'écrie Lucas en serrant le chiot contre lui. Tu m'as fait une sacrée frayeur !

.6.

Surprise !

Une semaine s'est écoulée depuis que Lucas a retrouvé Jumper. Entre-temps, son père a réparé la clôture derrière les buissons, et Mme Martin, la grand-mère d'Agathe, a téléphoné aux Fournier pour leur raconter les péripéties du chiot. Elle a même invité toute la famille à venir chez elle aujourd'hui à l'heure du thé.

Lorsque Lucas appuie sur la sonnette de la voisine, Jumper aboie d'excitation à l'idée de revenir dans cette maison si accueillante. Une femme d'un certain âge vêtue d'un tailleur élégant ouvre la porte avec un grand sourire.

– Bonjour et bienvenue ! lance-t-elle d'une voix enjouée.

Jumper s'engouffre aussitôt à l'intérieur de la maison.

– Je suis désolé, madame Martin, s'excuse M. Fournier, il ne tient pas en place !

– Faites donc comme lui, entrez, je vous en prie ! plaisante la vieille dame. Et appelez-moi Jeanne ! ajoute-t-elle en se dirigeant vers le salon.

Une jeune femme marche à la rencontre des nouveaux arrivants.

– Je vous présente ma fille Isabelle, reprend Mme Martin. Et derrière elle, c'est ma petite-fille, Agathe, que Lucas connaît déjà un peu !

Tout le monde se salue, puis s'installe pour prendre le thé. Jumper repère des assiettes pleines de biscuits sur un plateau et se lèche les babines. Mme Martin lui en donne un en douce avant de servir ses convives.

– J'espère que vous ne vous êtes pas trop inquiétés quand votre chiot a disparu, commence-t-elle.

– Moi si, un peu, avoue Lucas. Mais au final, c'était pour la bonne cause !

– Oh oui, acquiesce Isabelle, Agathe était tellement contente d'avoir récupéré son ours ! Nous vous sommes vraiment reconnaissants. Son père et moi avons passé une semaine à le chercher, en vain. Elle était très contrariée !

– Normal, c'est ma peluche

préférée ! se justifie la fillette en haussant les épaules.

– C'est surtout Jumper qu'il faut remercier, vous savez, dit M. Fournier.

Mme Martin adresse un clin d'œil à Agathe :

– Justement, à ce propos...

– Ah, c'est l'heure du cadeau ? demande la fillette, impatiente. J'y vais !

Elle quitte la pièce en sautillant. Le chiot lève la tête, aux aguets. On a parlé de cadeau ? Un instant plus tard, Agathe revient. Elle garde un bras derrière son dos.

– J'ai une récompense pour

quelqu'un ! annonce-t-elle d'un air mystérieux.

Elle s'agenouille auprès de Jumper et, d'un geste théâtral, lui tend un petit nounours bleu.

– Surprise ! claironne-t-elle. Tiens, il s'appelle Roméo.

Le chiot n'en croit pas ses yeux : une peluche rien que pour lui ! Il aboie joyeusement, puis prend l'ours dans sa gueule et va le montrer à Lucas.

– Vous ne pouviez pas lui faire plus plaisir ! s'exclame Mme Fournier en posant sa tasse sur la table devant elle.

– Il le mérite ! affirme la fillette.

J'aimerais bien avoir un chiot aussi mignon que lui…

– Peut-être que Lucas et Jumper pourraient venir jouer avec toi de temps en temps ? suggère sa mère.

– Agathe vient souvent passer le samedi ici pendant que ma fille travaille, explique Mme Martin.

– Ma foi, je n'y vois pas d'inconvénient, déclare M. Fournier. Qu'est-ce que tu en dis, Lucas ?

– Avec plaisir ! Et toi Jumper, tu es d'accord ?

Le chiot jappe en signe d'approbation. Mais à peine a-t-il ouvert la gueule que sa peluche lui échappe. Il la reprend entre ses dents, aboie une nouvelle fois et fait encore tomber Roméo. Il se penche pour le ramasser et redresse la tête, la mine ahurie.

– Ne t'inquiète pas, on a compris ! le taquine Lucas, tandis que tout le monde éclate de rire.

Si tu as aimé ce livre,
tu peux lire d'autres histoires d'animaux
dans la collection

Mes animaux préférés

Ombre
le poney secret
N° 614

Nino
le chaton rigolo
N° 615

Boule de neige
le chiot de Noël
N° 616

Solo
le poney intrépide
N° 617

Loulou
le chaton filou
N° 618

Crocker
le chiot tapageur
N° 619

Pongo
le poney fugueur
N° 620

Tito
le chaton pataud
N° 621

Chips
le chiot perdu
N° 622

Billy
le petit poney
N° 623

Pompon
le chiot fripon
N° 624

Cookie
le chaton têtu
N° 625